Vente du Vendredi 6 Février 1863

OBJETS

DE LA CHINE ET DU JAPON

PERLES D'ORIENT

DEUX MAGNIFIQUES VASES

EN PORCELAINE DE CHINE

Fond rose gravé. — Hauteur : 90 cent.

M. Ch. PILLET, Commissaire-Priseur

MM. MANNHEIM, Experts

EXEMPLAIRE DE H STETTINER

Paris. Imp. PILLET FILS AÎNÉ, rue des Grands-Augustins, 5.

CATALOGUE

D'UNE JOLIE RÉUNION

D'OBJETS D'ART

ET DE CURIOSITÉ

DE LA CHINE & DU JAPON

PERLES D'ORIENT

DEUX MAGNIFIQUES VASES EN PORCELAINE DE CHINE

Fond rose gravé, de 90 cent. de haut.

Bronzes anciens, tels que : Brûle-parfums ou Tings de diverses formes,
Cornets, Vases, Pi-tongs, Presse-papiers, etc.; Vases, Tabourets, Plats, Assiettes, Tasses,
Théières, Bols, etc., en porcelaines de Chine et du Japon ;
Beau Vase et autres Pièces en émail cloisonné ; Laques de Chine et du Japon ;
Sabres Japonais ; Étoffes et Fourrures,
et quantité d'Objets variés.

DONT LA VENTE AURA LIEU

HOTEL DROUOT, SALLE N° 5

Le Vendredi 6 Février 1863

A UNE HEURE.

Par le ministère de M⁰ **CHARLES PILLET**, Commissaire-Priseur,
rue de Choiseul, 11,

Assisté de MM. **MANNHEIM**, Experts, rue de la Paix, 10

Chez lesquels se distribue le présent Catalogue.

EXPOSITION PUBLIQUE

Le Jeudi 5 Février 1863, de une heure à cinq heures.

CONDITIONS DE LA VENTE

Elle sera faite au comptant.

Les adjudicataires payeront *cinq pour cent* en sus des enchères, applicables aux frais.

Paris. — Imp. PILLET fils aîné, rue des Grands-Augustins, 5.

DÉSIGNATION

DES OBJETS

Perles fines

1 — Cinquante-deux belles perles d'Orient en quatre rangs.
Ces perles sont renfermées dans deux sachets de
satin violet doublé de satin bleu clair.

2 — Cent cinquante-~~deux~~ belles perles d'Orient, en dix
rangs, montées comme celles qui précèdent, dans un
sachet de satin violet, doublé de soie bleu clair.

3 — Autre lot de cent soixante-huit perles d'Orient, en qua-
torze rangs; dans un sachet, analogue à ceux qui
précèdent.

4 — Autre lot de deux cent seize perles d'Orient, en douze rangs; montées de même.

5 — Cent quatre belles perles d'Orient, en huit rangs, montées de même, dans un sachet violet doublé de soie bleu clair.

6 — Cinquante-deux perles d'Orient, en quatre rangs; montées de même.

7 — Soixante-cinq perles d'Orient, en cinq rangs; montées de même.

Bronzes

8 — Ting cylindrique à trois pieds bas, décoré en relief de deux zones de signes sacrés, encadrant les huit Koua de Fou-hi; bronze jaune, non patiné et très-léger de fonte. Diam. 95 millim.; haut. 80 millim.

9 — Ting bas à deux anses; bronze uni à patine brune. Une inscription en relief indique qu'il a été fabriqué pendant la période de Siouan-te de la dynastie des Ming, 1423-1435. Diam. 14 cent.

10 — Paire de pi-tong, dont le corps est formé par un tronc de pêcher, entouré de branches fleuries; au pied, un philosophe, monté sur un âne, s'arrête devant un homme chargé d'un paquet. Haut. 225 millim.

11 — Cornet à nœud médian, relevé de quatre filets saillants qui se continuent sur la base; bronze antique, à fond composé de grecques, avec ornements d'ancien style représentant la tête de dragon et autres emblèmes sacrés. Haut. 29 cent.

12 — Cornet en bronze antique, à nœud médian, relevé dequatre filets saillants, entre lesquels sont gravés quatre têtes de dragons; à la base, quatre ornements en forme de feuilles d'eau partant de moulures qui se répètent au-dessus du nœud, et supportent une bague à ornements en relief dans laquelle se trouve le signe *Yu*. Quatre autres feuilles d'eau sont sur l'épanouissement du vase. Ce bronze, excessivement lourd et de travail rudimentaire, remonte à une très-haute époque. Haut. 27 cent.

12 *bis*. — Cornet carré à nœud. avec angles saillants; fond à grecques portant les têtes de dragon et autres signes sacrés. Bronze antique, rudimentaire de travail, quoique finement fondu. Il porte en dessus une étiquette indiquant qu'il a été inventorié dans une collection. Haut. 29 cent.

13 — Cornet carré, de même genre que le précédent, mais plus rudimentaire encore; des saillies ondulées relèvent tous les angles, et le dessous porte un losangé qu'on ne trouve que dans les fontes antiques. Haut. 28 cent.

13 — Vase hexagone en beau bronze rouge, dont le col est entouré d'un ornement mosaïque en relief; deux cigales, posées sur les angles, forment des espèces d'anses entre les moulures qui circonscrivent l'ornement sculpté. Fonte légère; travail soigné. Haut. 21 cent.

14 — Ting en forme de mortier, à pied cylindrique assez élevé, et anses terminées en pendentifs; de chaque côté, en relief, la tête de dragon, et, plus bas, une frise d'ornements archaïques. Reliefs en losanges sous le pied, et, au fond, une inscription en caractères ta-tchouan. Vase antique de forme rare et d'une très-belle exécution. Diam. 115 millim.

15 — Petit ting en bronze noir, à trois pieds élevés, et deux anses en forme d'or 'lles. Autour du col rétréci, une frise de rinceaux; sur la panse, des médaillons semés de grecques, et, en dessous, des zones circulaires d'ornements entourant deux kong-hoangs dans les nuages. Charmante petite pièce antique.
Haut. 09 cent.; diam. 08 cent.

16 — Petit ting en cuivre blanc, à trois pieds, supporté par des têtes de chimères, et anses dressées; quatre arêtes saillantes divisent le vase, qui est entièrement couvert d'ornements gravés. Dans la frise, les Koua de Fou-hi, et les mots: *fou*, bonheur, et *kouei*, dignités; plus bas, des paysages dans des médaillons. Haut. 07 cent.; diam. 07 cent.

17 — Pi-tong en bronze poli, non patiné, à deux anses formées de têtes de chimères; autour du col, une
frise à relief sur fond filigrané; sur le pied, une
sorte de poste en relief; en dessous, une inscription indiquant la période Siouan-te des Ming. 1423-
1435. Diam. 10 cent.

18 — Pi-tong presque semblable au précédent, et de la même
date; l'ouverture en est plus resserrée, et la forme
campanulée moins bien indiquée. Une légère patine
donne à ce bronze une couleur dorée.
Diam. 10 cent.

19 — Brûle-parfums ou ting en forme d'animal chimérique;
bronze à patine noir; fabrication très-ancienne et
encore rudimentaire. Haut. 26 cent.

20 — Brûle-parfums ou ting en forme d'oie sacrée, le bec
pouvant servir de porte-allumettes; les ailes, rattachées
à la base du cou par une pointe invisible, se soulè-
vent pour le placement du feu; six ouvertures, ména-
gées dans les plumes, donnent passage à la fumée.
L'oiseau repose sur un socle à moulure et à pieds, et
percé à jour. Belle pièce à patine noire, intéressante
de forme et rare par sa dimension. Haut. 42 cent.

21 — Presse-papier formé d'un Ki-lin couché, beau bronze
ancien à patine brune. Long. 20 cent.

Pièce curieuse représentant l'animal de bon augure
qui n'apparaît que sous les règnes fortunés.

22 — Presse-papier en forme de crabe. Bronze ancien à patine brune, étudié avec le plus grand soin. Larg. 15 cent.

23 — Presse-papier en forme de bœuf couché, emblème de l'agriculture. Bronze non patiné. Long. 10 cent.

24 — Presse-papier représentant l'un des huit immortels. Il est couché et porte sur sa cuisse droite le crapaud sacré. Long. 8 cent.

25 — Petit groupe composé de quatre fruits réunis, rattachés à un pédoncule d'où partent des vrilles et des feuilles. Larg. 6 cent.

Bronze très-ancien à patine rouge mêlée de vert.

26 — Petit vase posé sur un pied et orné de deux anses à jour. Il est un peu aplati et quadrilobé. Bronze très ancien sans patine. Haut. 135 millim.

27 — Deux petits vases à pieds coniques et anses non détachées. Ils sont couverts d'ornements en relief assez grossièrement indiqués. Fonte épaisse, pièces rudimentaires. Haut. 9 cent.

28 — Ting à trois pieds bas, forme balustre, et à anses formées de dragons roulés sur eux-mêmes; il est surmonté d'un couvercle campanuliforme à jour, portant le chien de *Fo*. En dessous, une inscription à six caractères indique encore la période Siouan-te 1423-1435. Joli bronze non patiné dont les gravures sont largement indiquées. Haut. totale 13 cent.

29 — Petit vase antique en forme de théière à trois pieds mamelonnés ; anse sortant d'une tête de serpent et goulot court imitant une tête de poisson monstrueux. Bronze noir d'un travail primitif. Haut. 8 cent.

Le couvercle manque.

29 *bis.* Vase lagène de forme élégante, à col presque cylindrique, portant deux anses trilobées soutenant des anneaux mobiles. Toute la surface est couverte d'ornements en relief du plus vieux style, parmi lesquels on remarque la tête de dragon. Bronze antique d'un curieux travail et d'une ornementation sévère. — Une inscription indique qu'il a été classé dans une collection. Haut. 185 millim.

Porcelaines

30 — Deux MAGNIFIQUES VASES en porcelaine de Chine, forme balustre à col très-évasé ; *fond rose* à ornements gravés à la pointe.

La panse de chacun d'eux est ornée de deux grandes et très-belles figures en relief : enfants chinois dansant, dont les costumes sont finement peints et émaillés de belles couleurs avec rehauts d'or. Ces enfants tiennent les extrémités d'un ruban en relief décoré en vert clair, qui entoure la gorge du vase.

La face postérieure est occupée par quelques branches de fleurs, au milieu desquelles se trouve un paon ; le tout émaillé de belles couleurs. Au-dessus de ce groupe quelques papillons, aux ailes bigarrées, voltigent et viennent compléter le riche décor du vase.

Ces pièces exceptionnelles, remarquables par l'élégance de leur forme, par la nuance de leur fond et par le caractère des figures dont elles sont ornées, mesurent 90 cent. de hauteur.

31 — Deux très-jolis vases en ancienne porcelaine de Chine, forme balustre à goulots très-étroits ; riches décors à sujets de personnages et divinités de la mythologie chinoise, sur fond blanc.

32 — Deux grands vases en porcelaine de Chine à gorges évasées ; fond bleu d'empois à paysages réservés en couleurs et à bordures en relief en brun mat, qui séparent la panse de la gorge du vase.

33 — Deux tabourets en forme de baril et repercés à jour ; porcelaine de Chine craquelé gris.

34 — Tabouret en forme de Chinois accroupi, en ancienne porcelaine de Chine, fond blanc à bordures émaillées.

35 — Deux petits vases en porcelaine de Chine, fond vert avec ornements gravés à la pointe et fleurs et feuillages émaillés en couleurs.

36-42 — Dix-huit plats et assiettes en anciennes porcelaines de Chine et du Japon, assortis de décors, qui seront vendus par lots.

43 — Théière en porcelaine de Chine, fond bleu clair enrichi d'ornements émaillés en couleurs, et médaillons de fleurs sur fond blanc.

44 — Deux compotiers de forme longue contournée à personnages, dans des paysages émaillés sur fond blanc.

45 — Six petites cuillers en porcelaine de Chine, fond blanc, à décors d'animaux à l'intérieur.

46-50 — Quantité de petites tasses, dont quelques-unes à tortues mouvantes à l'intérieur. Ce lot sera divisé.

51 — Un jeu de sept coupes à saki, fabrication moderne du Japon. Pièces très-fines et d'un décor distingué.

52 — Un jeu de sept coupes à saki avec plantes, oiseaux et poissons. Belle fabrication moderne du Japon.

53 — Six petites tasses en porcelaine du Japon, décorées intérieurement d'une grecque et de vues maritimes en

émail bleu ; elles vont en diminuant de diamètre, de-
puis 6 cent. jusqu'à 43 millim.

54 — Quatre tasses de la même fabrication, non décorées.

55 — Cinq petites tasses convolvulacées en belle porcelaine
du Japon, non décorées ; l'une d'elles a le bord jaune.

56 — Une paire de vases en porcelaine de Chine moderne,
fond plein à médaillons ou losanges émaillés, avec six
réserves à suje's de personnages. Hauteur, 34 cent.

57 — Vase hexagone à deux anses, fond blanc, avec figures et
cartouches remplis d'inscriptions. Haut. 34 cent.
Fabrication du dix-huitième siècle.

58 — Huit pots cylindriques couverts de dimensions décrois-
santes, à décors de personnages chinois. Porcelaine
moderne.

59 — Tasse à anse et soucoupe, porcelaine moderne du Japon, à fond tressé et médaillons de fleurs.

60 — Tasse du même genre, plus basse et plus ouverte, fond
rouge, ornements à imbrications et médaillons avec
fleurs et oiseaux.

61 — Quatre petits plateaux en porcelaine moderne de Chine,
à fleurs, oiseaux, papillons émaillés. Bord d'or.

62 — Théière élévée en porcelaine de Chine à figures et inscriptions. Les personnages représentent les héros du
San-konc-tchy.

63 — Théière en porcelaine de Chine entièrement couverte
de sujets à personnages.

64 — Théière côtelée à oreilles, portant deux anses supérieures en métal; sujets de figures sur fond blanc.

65 — Sucrier couvert à fleurs émaillées, porcelaine de Chine
moderne.

66 — Sucrier de même forme. Fleurs et inscriptions.

67 — Porte-allumettes composé d'un plateau à six lobes et
d'un éléphant chargé d'une tour dans laquelle se
place la baguette à odeur.

68 — Quatre bols à fleurs, animaux et emblèmes; porcelaine
moderne de Chine. Diam. 20 cent.

69 — Vase entièrement émaillé de vert, gravé à la pointe et
décoré de bouquets de fleurs en émail de relief; intérieur du col vert foncé. Porcelaine de 1720 à 1730.
Genre estimé. Haut. 165 millim.

70 — Vase en forme d'urne entièrement couvert en bleu
grand feu. Porcelaine de Chine du dix-huitième
siècle.

Emaux cloisonnés et Objets divers

71 — Email cloisonné. Grand et beau vase, forme balustre à fleurs et feuillages émaillés en couleurs, sur fond bleu turquoise.

72 — Émail cloisonné. Huit petites tasses à fleurs de couleurs émaillées, sur fond bleu turquoise.

Elles sont doublées en argent.

73 — Deux petits écrans en laque noir burgauté à sujets de paysages ornés de figures, dans leurs montures en bois sculpté.

74 — Laque rouge de Pékin. Deux jolies boîtes à personnages, fleurs et ornements divers en relief sur fond vert.

75 — Deux sabres japonais à fourreaux laqués et poignées enrichies d'ornements en relief en bronze.

76 — Coupe ronde à bordure dentée et montée sur piédouche, en émail de Chine, fond blanc à décors de fleurs et d'ornements divers en couleurs.

77 — Plateau de forme ronde à bordure dentée, en émail de Chine fond blanc, décoré de fleurs et d'ornements divers en couleurs.

78 — Théière à six lobes et à anses supérieures en émail peint, fond blanc à paysages; bordures de rinceaux sur fonds divers. Haut., anse comprise, 18 cent.

79 — Deux jardinières laquées, de forme conique, avec leurs plateaux ; des paysages à figures y sont incrustés en burgau. Ces pièces portent une doublure métallique.

80 — Deux tasses tressées en bambou et doublées de métal.

81 — Bol laqué et burgauté, doublé de métal ; il est orné de bordures et de guirlandes de fleurs en nacre non colorée. Travail cochinchinois. Diam. 112 millim.

82 — Un petit animal fabuleux couché sur un socle ; cristal de roche.

83 — Bijou à deux couches en cornaline ; la couche inférieure blanche est unie et sert de support à la partie sculptée à jour qui représente un pin, des rochers et un oiseau colorés en rouge.

84 — Ecran en schiste onyx, à deux couches, représentant la

mer, sur laquelle vogue une jonque ; auprès sont des rochers chargés d'arbres et d'habitations.

Largeur 35 cent.; haut. 28 cent. Très-belle pièce, fort ancienne.

85 — Deux écrans en schiste onyx à deux couches. Fond rouge, bordures et personnages en gris verdâtre. Derrière, des inscriptions en caractères Thsao ; jolies montures en bois rouge. Hauteur totale, 29 cent.

86 — Deux tables en laque moderne de Chine.

87 — Laque de Chine. Boîte à ouvrage richement décorée de fleurs et de personnages en or et en couleurs sur fond brun ; les ustensiles sont en ivoire.

88 — Laque de Chine. Pupitre à médaillons de paysages et ornements divers en or de couleurs sur fond noir.

89 — Boîte à gants en bois de santal sculpté.
Larg. 24 cent.

90 — Écran en feuille de latanier doublé de soie argentée portant un sujet peint. Monture en laque garnie de papillons en émail.

91 — Album de douze peintures très-fines sur moelle de Tong-sao, représentant les membres de la famille im-

périale de Chine. Dessins bien conservés et renfermés dans une reliure en soie mandarine rouge brochée d'emblèmes sacrés et honorifiques.

92 — Cabinet en marqueterie, chinoise à deux vantaux, cachant six tiroirs et un grand tiroir inférieur. Garnitures en métal blanc bien gravées. Haut. 32 cent.; larg. 35 cent.

93 — Dix *lien-tse* ou rouleaux portant des peintures, bien conservées, représentant des paysages et des sujets de divers genres. Larg. 33 cent.; haut. 1,32 cent.

94 — Boîte à ouvrage en laque de Chine moderne, contenant tous les ustensiles nécessaires en ivoire.
Larg. 35 cent.; haut. 16 cent.

95 — Une pipe fantastique.

Fourrures et Etoffes

96 — Garniture de robe en martre.

97 — Treize peaux de martre.

98 — Grand et beau tapis de table en drap jaune clair, richement brodé, à fleurs et ornements en soie de couleur.

99 — Autre tapis de table en drap rouge, avec broderies de fleurs en soie de couleur.

100 — Robe en tissu léger violet, à broderies d'or, et portant le dragon impérial à cinq griffes.

101 — Robe, non faite, en soie brune, brodée en soie de couleur, et à médaillons ornés de grues sacrées.

102 — Costume de femme : la jupe en satin brun, brodée à fleurs en soie de couleur et or ; la tunique en tissu léger, avec bordures de nuances diverses, brodées en soie. Ce costume est accompagné des jambes du pantalon, des chaussures et de la collerette.

103 — On vendra, sous ce numéro, les objets omis.